FantásticoSur

FS Editorial

Tierra del Fuego

■■ Editorial Credits • *Créditos Editoriales*

General Edition • Edición General: FS - Editorial Fantástico Sur.
Comité Editorial: Enrique Couve, Claudio F. Vidal & Cecilia Vargas.
Design and Digital Layout • Diseño y Diagramación Digital: Marcial Barría, Héctor Ilnao & Gabriel Quilahuilque.
English Translation • Traducción: Claudio Vidal, Charlie Weaver & Emily Harley.
All Photographs • Todas las Fotografías © Fantástico Sur Birding Ltda.
Except / excepto: © Jordi Plana pp 32-33, 47, 48, 55, 60, 61, 67, 69, 76, 83, 84, 95.

Address • Dirección: José Menéndez 858, Depto. 4, Casilla 920, Punta Arenas, Chile.
Phone / Fono: (+56 61) 615790 • Fax: (+56 61) 615797
E-mail: info@fantasticosur.com
www.fantasticosur.com

Acknowledgments • Agradecimientos: Soledad Bórquez, Emily Harley, Jordi Plana, Cecilia Vargas & Charlie Weaver.

First Edition, October 2007 • Primera Edición, Octubre 2007.
© 2007 Fantástico Sur Birding Ltda.
Registro de propiedad intelectual: Inscripción No 165615.
ISBN: 978-956-8007-21-8.
ALL RIGHTS RESERVED / RESERVADOS TODOS LOS DERECHOS

Cover photograph • Fotografía de portada: Lomas Bay at sunrise • *Bahía Lomas al amanecer.*
pp 3. Sunset at Gable Island, Beagle Channel • *Atardecer en Isla Gable, Canal Beagle.*
pp 5. Dog Orchid • *Palomita* (*Codonorchis lessonii*); Guanaco (*Lama guanicoe*); Cape Horn • *Cabo de Hornos*; Peregrine Falcon • *Halcón Peregrino* (*Falco peregrinus cassini*).

Tierra del Fuego

A journey of discovery through the natural treasures of *Karukinká*
Un viaje de descubrimiento por los tesoros naturales de Karukinká

Tierra del Fuego

A line of bonfires along the coast could well have been the vision that Ferdinand Magellan had during those spring nights of 1520. He could not have chosen a better name for such a hostile island territory than *Land of the Fires*. With this expedition began the geographic knowledge and the human and natural history of the end of the American continent. Later expedition voyages over the centuries included conspicuous figures such as Drake, Sarmiento de Gamboa, Cook and Fitz Roy, among several others. Many would come searching for power and wealth, while others only aimed at discovering the natural treasures and trying to understand the incredible forces of nature. Charles Darwin made countless notes, collections and excursions on his stay on the Fuegian channels, just like many other notable naturalists.

But a thousand years before, there were other adventurers, capable of settle the southern region, which just started to be free of ice; when man appeared in Tierra del Fuego some 7,600 years ago. The *Selknam* were hunters of the plains whose ancestors crossed the natural bridges. Before the crossing of man, Tierra del Fuego was a geographic entity completely isolated from the American continent. Those remarkable people would refer with charm to this land, generous in resources, as Karukinká. Canoe nomads and hunters of marine mammals and birds colonized the archipelagic labyrinth from the southwest, just as the *Kaweskar* and the *Yamana* in the south. Now their conspicuous absence from plains and channels is dramatic evidence of an overwhelmingly sad history of abuse at the hands of Westerners.

Tierra del Fuego is a huge territory encompassing the archipelagos located south of the Straits of Magellan, which terminate at Cape Horn, between the coordinates 52°25'–56°S and 63°47'–74°45'W. The main island Isla Grande has an approximate surface of 18,500 sq. miles, and on its periphery exist sizeable islands such as Dawson, Santa Inés, Hoste, Navarino and Staten Island. There are also around 200 islands and islets of variable size scattered south of Isla Grande. In total, the surface of Tierra del Fuego comprises some 25,500 sq miles of which nearly two thirds belong to Chile, while the remaining third comprises the eastern part of Argentine Tierra del Fuego and Staten Island.

The northern and eastern parts of Isla Grande are dominated by a low, undulating landscape where the vegetation is basically composed of grasslands and areas of low shrubbery. On the other hand, south of the depression formed by Almirantazgo (Admiralty) Sound and Fagnano Lake, the landscape drastically changes as the Fuegian Andes rise. At these latitudes they swing eastward, before sinking into the Southern Ocean, to then, diminished trade as islands toward Antarctica. The Fuegian Andes, locally known as Darwin Range, have rather modest summits, lower than 8,000 feet, but possess great beauty as they are crowned by the last ice field of southern South America. Southwards the region is a maze of rugged islands, deep fjords and beautiful channels which face the never-ending battering swell and furious, gelid southern gales.

This remote and diverse region holds countless natural treasures, which are protected by the harshness of the weather or simply by the inaccessibility of the territory. Many of the mountains and glaciers are still nameless, and most of its forests and islands are not even visited by humans. However, this natural stronghold opens up to us its labyrinths and slowly unveils its natural secrets for our joy. Let us explore Tierra del Fuego or *Karukinká*, just as Darwin did almost two centuries ago with an open mind and with eyes of discovery.

Tierra del Fuego

Una línea de fogatas a lo largo de la costa pudo haber sido la visión que tuvo Hernando de Magallanes durante esas primaverales noches de 1520; no pudo haber elegido un nombre más apropiado para aquel hostil territorio insular que Tierra de los Fuegos. Se iniciaba con esta expedición el conocimiento geográfico y de la historia humana y natural del confín del continente americano. El posterior periplo de expediciones incluyó a través de los siglos figuras tan notables como Drake, Sarmiento de Gamboa, Cook y Fitz Roy, entre tantos otros. Muchos vendrían en búsqueda de poder y riquezas, en tanto que otros solo con el afán de descubrir sus tesoros naturales y buscar explicación a las increíbles fuerzas de la naturaleza. Charles Darwin, realizaría innumerables notas, colectas y excursiones durante su estadía en los canales fueguinos, al igual que tantos otros ilustres naturalistas, del pasado y de nuestros tiempos.

Pero miles de años antes, existieron otros aventureros, capaces de ocupar las regiones australes que recién quedaban libres del hielo; el hombre aparece en Tierra del Fuego hace unos 7.600 años. Los Selknam eran cazadores de las planicies y sus ancestros lograron cruzar los puentes naturales, antes que Tierra del Fuego, se transformara en una entidad geográfica completamente aislada del continente americano. Aquel notable pueblo se refería cariñosamente a esta tierra, generosa en recursos, como Karukinká. Por otra parte, pueblos canoeros, cazadores de mamíferos y aves marinas, colonizarían el laberinto archipelágico por el suroeste como los Kaweskar y por el sur como los Yamana. Hoy en día su notoria ausencia en planicies y canales es la dramática evidencia de una abrumadora, triste e injusta historia de desencuentros.

Tierra del Fuego es un enorme territorio que comprende los archipiélagos ubicados al sur del Estrecho de Magallanes y que concluyen en el Cabo de Hornos, entre las coordenadas 52°25'–56°S y 63°47'–74°45'W. La Isla principal o Isla Grande tiene una superficie aproximada a 48.000 km² y en su periferia existen otras islas de tamaño considerable, como Dawson, Santa Inés, Hoste, Navarino e Isla de los Estados. Asociadas a ellas existen alrededor de 200 islas e islotes de tamaño variable, que se encuentran dispersas al sur de Isla Grande. En total, la superficie de Tierra del Fuego comprende unos 66.000 km², de los cuales aproximadamente dos tercios pertenecen a Chile, en tanto que el tercio restante comprende el territorio oriental de Tierra del Fuego Argentina e Isla de los Estados.

La parte norte y este de Isla Grande está dominada por un paisaje bajo y ondulante y su vegetación compuesta por pastizales y áreas de matorral bajo. En tanto, hacia el sur de la depresión compuesta por el Seno Almirantazgo y Lago Fagnano, el paisaje cambia drásticamente pues emergen los Andes Fueguinos, que a esta latitud rotan hacia el este antes de sumergirse en el Océano Austral, para continuar reducidamente como islas hacia la Antártica. Los Andes Fueguinos, localmente conocidos como Cordillera Darwin, tienen cumbres de alturas modestas, inferiores a los 2.500 metros, pero de gran belleza pues se hayan coronadas por el último campo de hielo de Sudamérica austral. Hacia el sur del territorio, un laberinto de escarpadas islas, profundos fiordos y bellos canales, enfrenta las incesantes y embravecidas olas oceánicas y los huracanados y gélidos vientos australes.

Esta remota y diversa región alberga incontables tesoros naturales, los que son protegidos por la rigurosidad del clima o simplemente por la inaccesibilidad del territorio. Muchas de sus montañas y glaciares no tienen aún nombre, y la mayor parte de sus bosques e islas no han sido todavía visitados por ningún ser humano. Sin embargo, este bastión natural nos abre sus laberintos y lentamente devela sus secretos naturales para nuestro deleite. Exploremos Tierra del Fuego o Karukinká tal como lo hiciera Darwin casi dos siglos atrás, con una mente abierta y con los ojos del descubrimiento.

Lomas Bay and its huge intertidal flat at dawn. The northern portion of Tierra del Fuego's Isla Grande is separated from the American continent by the mythic Strait of Magellan. Ferdinand Magellan on his epic journey of discovery in 1520 saw bonfires along the coast, hence earning the name "Land of Fires".

Bahía Lomas y su enorme planicie intermareal durante el amanecer. La porción norte de la Isla Grande de Tierra del Fuego se encuentra separada del continente americano por el mítico Estrecho de Magallanes. Hernando de Magallanes en su épico viaje de descubrimiento de 1520, avistó fogatas a lo largo de ésta costa, denominándola Tierra de los Fuegos.

Extensive grassland plains, known as steppes, characterize the landscape of the northern half of the Fuegian territory. These are brutally and constantly swept by strong, cold westerly winds.

Extensas planicies de pastizales conocidas como estepas caracterizan el paisaje de la mitad norte del territorio fueguino. Éstas son brutalmente azotadas por los fuertes y fríos vientos predominantes del oeste.

■■■ ■ pp 12 - 13.
Cerastium arvense (Caryophyllaceae) y *Armeria maritima* (Plumbaginaceae)

■■ ■ During the southern spring, flowers cover the vast plains and rolling hills of northern Tierra del Fuego like a carpet. A large variety of herbs and shrub species have completely adapted to the harsh wind and scarce rainfall conditions.

Una miríada de flores cubre cual alfombra las vastas planicies y suaves lomajes nor-fueguinos durante la primavera austral. Una gran variedad de herbáceas y especies arbustivas están completamente adaptadas al riguroso viento y a una escasa precipitación.

Hypochaeris incana (Asteraceae)

Adesmia pumila (Leguminosae)

The Fuegian flora is highly related to that found in New Zealand and in several subantarctic islands; this connection confirms the existence of the ancestral southern supercontinent of Gondwanna, which united the large land masses of the Southern Hemisphere some 120 million years ago.

La flora fueguina está muy relacionada con la de Nueva Zelanda y con la de varias islas subantárticas, lo que se condice con la existencia del ancestral supercontinente austral de Gondwanna, que uniera las grandes masas de tierra del Hemisferio Sur, hace unos 120 millones de años atrás.

Perezia pilifera (Asteraceae)

Viola maculata (Violaceae)

Geum magellanicum (Rosaceae)

■■▮▮ pp 18 - 19.
Guanacos (*Lama guanicoe*) at Lomas Bay, northern Tierra del Fuego.
Guanacos (Lama guanicoe) en Bahía Lomas, norte de Tierra del Fuego.

■■▮ A small number of land mammals dared to penetrate into the former lake country before Tierra del Fuego became entirely separated from the continent some 9,000 years ago due to the massive glacier melting at the end of the Pleistocene. Currently, the Strait of Magellan is a practically impassable barrier for the movement of any large mammals from the continent towards Isla Grande.

Un muy reducido número de mamíferos terrestres se aventuró a penetrar el entonces territorio lacustre, antes que Tierra del Fuego quedara completamente aislada del continente hace unos 9.000 atrás, debido al masivo derretimiento glacial a fines del Pleistoceno. En la actualidad, el Estrecho de Magallanes es una barrera prácticamente infranqueable para el desplazamiento de cualquier mamífero mayor desde el continente hacia la Isla Grande.

Culpeo Fox • *Zorro Culpeo (Pseudalopex culpaeus lycoides)*,
Alberto De Agostini NP, southern Tierra del Fuego.
PN Alberto De Agostini, sur de Tierra del Fuego.

 Magdalena Island in the Strait of Magellan is a seabird sanctuary.

Isla Magdalena, en el Estrecho de Magallanes, es un santuario para las aves marinas.

A small associated archipelago located in eastern Tierra del Fuego is an important sanctuary for thousands of seabirds, including cormorants, gulls and penguins. Magdalena Island in the Strait of Magellan holds one of the largest colonies of Magellanic Penguin in Chile, with an estimated population of nearly 60,000 breeding pairs.

Un pequeño archipiélago asociado y ubicado al este de Tierra del Fuego es un importante santuario para miles de aves marinas, incluyendo cormoranes, gaviotas y pingüinos. Isla Magdalena, en el Estrecho de Magallanes, alberga una de las colonias más importantes de Pingüino de Magallanes en Chile, con una población estimada de 60.000 parejas reproductivas.

Magellanic Penguin • *Pingüino de Magallanes (Spheniscus magellanicus).*

Chocolate-vented Tyrant
Cazamoscas Chocolate
(*Neoxolmis rufiventris*).

Black-throated Finch
Yal Austral
(*Melanodera melanodera*).

Cinnamon-bellied Ground-Tyrant • *Dormilona Rufa* (*Muscisaxicola capistrata*).

Peregrine Falcon • *Halcón Peregrino (Falco peregrinus cassini)*

The steppes and wetlands of northern Tierra del Fuego are home to a large number of resident and migratory birds. Many of them have highly restricted distribution ranges in Patagonia, while others, such as the threatened Ruddy-headed Goose, migrate across wide expanses of South America, even reaching areas of central Argentina.

Las estepas y humedales del norte de Tierra del Fuego son el hábitat para un gran número de aves residentes y visitantes. Muchas de ellas tienen un rango distribucional muy restringido en la Patagonia, en tanto que otras, como el amenazado Canquén o Cauquén Colorado, realizan importantes migraciones invernales, llegando hasta el centro de Argentina.

Ruddy-headed Goose • *Canquén Colorado (Chloephaga rubidiceps)*

■■■ The abundant inland brackish and freshwater wetlands of northern Tierra del Fuego are truly a magnet for a large diversity of waterfowl. These habitats provide shelter and food to resident swans and migratory ducks and even to extreme visitors, such as shorebirds coming from Arctic regions of North America. The colorful Chilean Flamingos are present year-round, although they do not breed in Tierra del Fuego.

Los abundantes humedales salobres y dulces del interior nor-fueguino son un verdadero magneto para las más variadas aves acuáticas. Estos ambientes albergan y proveen de alimento tanto a cisnes residentes, patos migratorios hasta visitantes extremos como playeros provenientes de las regiones árticas de Norteamérica. Los coloridos Flamencos Chilenos están presente durante todo el año, aunque no se reproducen en Tierra del Fuego.

Chilean Flamingo • *Flamenco Chileno (Phoenicopterus chilensis)*

■ ■ ▓ ▓ ▒ pp 30 - 31.

The Darwin Range and Marinelli Glacier seen from the surroundings of Ainsworth Bay.

Cordillera Darwin y Glaciar Marinelli vistos desde las inmediaciones de Bahía Ainsworth.

The southwestern part of Tierra del Fuego is a extreme land in terms of weather, although one of extraordinary beauty. It is a remote and pristine region characterized by the presence of countless islands resulting in a labyrinth of channels and straits, deep fjords and bays.

El sector sur-occidental de Tierra del Fuego es una tierra extrema en su clima, pero de extraordinaria belleza. Es una región remota y prístina caracterizada por la existencia de innumerables islas y de un resultante laberinto de canales y estrechos, profundos fiordos y bahías.

Straits of Magellan • *Estrecho de Magallanes*

The continuity of the Andes range is compromised at these latitudes. After sorting out some hydrological interruptions such as the Strait of Magellan, the Andean massif losses height, deflecting eastwards now along the whole southern flank of Tierra del Fuego.

La continuidad de los Andes se ve incluso comprometida en estas latitudes. Luego de superar interrupciones hidrológicas como el Estrecho de Magallanes, el macizo andino pierde altura, orientándose ahora hacia el este, a lo largo de todo el flanco meridional de Tierra del Fuego.

Tierra del Fuego

 pp 34 - 35.

Forested islet at Magdalena Channel.
Islote boscoso en Canal Magdalena.

Coastal cliff in the Fuegian channels.
Acantilado costero en canales fueguinos.

The mountains are referred to here as the Fuegian Andes or more often as the Darwin Range, after the illustrious naturalist; their summits reach in average up to 6,000 feet.

A significant part of the coast of this region is steep and jagged which results from the still ongoing glacial action. The vegetation struggles, slowly and consistently, in order to occupy the rugged and recently ice-free exposed areas.

Las montañas son conocidas aquí como Andes Fueguinos o más comúnmente como Cordillera Darwin, en honor al ilustre naturalista, y sus cumbres se empinan en promedio hasta unos 1.800 metros. Gran parte de la costa de esta región es muy escarpada, producto de la acción glacial que se desarrolla aún hasta nuestros días. La vegetación lucha lenta aunque consistentemente por ocupar los abruptos terrenos expuestos por el hielo.

Fuegian Andes and Magdalena Channel.
Andes Fueguinos y Canal Magdalena.

The imposing, ocean exposed part of southwestern Tierra del Fuego is well known for its harsh weather, characterized by strong gales and incessant downpours. Hence the exploration of the unknown Fuegian labyrinth proved to be the most difficult task. Some corners of this fragmented geography were used for shelter by the numerous European explorers, who surveyed these coasts from the 16th century onwards.

La imponente costa expuesta del suroeste de Tierra del Fuego es bien conocida por su clima extremo, caracterizado por sus furiosos vientos e incesantes chubascos, por lo que la exploración del ignoto laberinto fueguino fue por cierto una tarea de singular dificultad. Algunos rincones de esta accidentada geografía sirvieron de refugio para los numerosos exploradores europeos que recorrieron estas costas desde el siglo XVI en adelante.

pp 40 - 41.
Pia Fjord and Beech *Nothofagus* forests during fall.
Fiordo Pía y bosques de Nothofagus durante el otoño.

Ocasión Bay, Brecknock Peninsula.
Bahía Ocasión, Península Brecknock.

The now silent channels and bays were formerly the domain of canoe nomads, hunters and gatherers, strikingly adapted to survive in the most harsh and gelid region of South America. The Yamana successfully occupied these territories some 6,000 years ago, earning a sound knowledge of their hostile environment and its resources. Sadly, after only a brief encounter with Western explorers, they have all but vanished from the far south.

Los hoy silenciosos canales y bahías fueron otrora los dominios de un grupo de canoeros nómades, cazadores y recolectores, asombrosamente adaptados a la región más rigurosa y gélida de Sudamérica. Los Yámana ocuparon con éxito estos territorios desde hace unos 6.000 años, logrando un cabal conocimiento de su hostil ambiente y sus recursos. Dramáticamente, su breve contacto con la civilización occidental significó su virtual desaparición del extremo sur del continente.

The sheltered waters of Condor Bay, western Tierra del Fuego.
Las protegidas aguas de Bahía Cóndor, oeste de Tierra del Fuego.

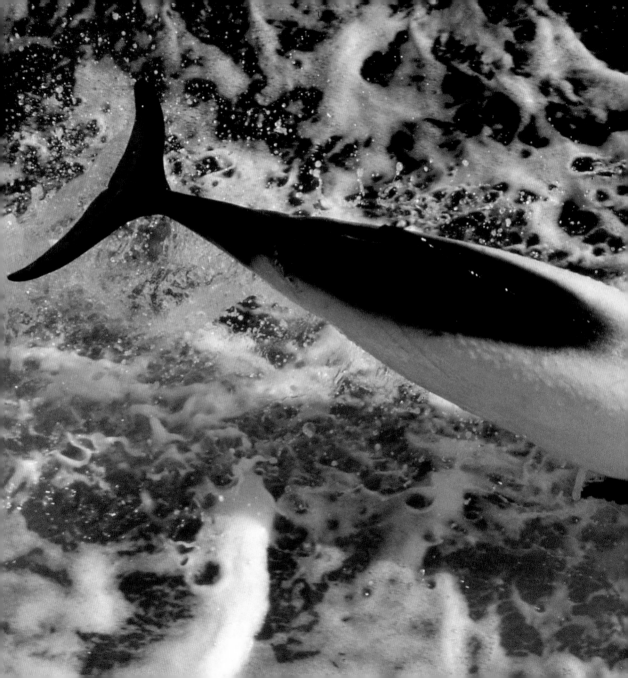

■ ■ ▨ ░ pp 44 - 45.

Commerson's Dolphin • *Tonina Overa (Cephalorhynchus commersoni)*

A member of a genus exclusively found in the Southern Hemisphere, comprising a handful of species, the Commerson's Dolphin resides in the coastal waters of Tierra del Fuego.

Miembro de un género exclusivo del Hemisferio Sur y que comprende solo un puñado de especies, la Tonina Overa es un residente de aguas costeras de Tierra del Fuego.

░ ■ ▨ ■

Humpback Whale • *Ballena Jorobada (Megaptera novaengliae)*

The Strait of Magellan together with other Fuegian seaways, such as Magdalena and Cockburn channels, constitute an important feeding ground for Humpback whales. The species performs an important migration along the Pacific coast towards its breeding grounds in waters of Ecuador and Colombia.

El Estrecho de Magallanes junto a otros canales fueguinos como el Magdalena y Cockburn constituyen una importante área de alimentación para la Ballena Jorobada. Esta especie realiza una importante migración a lo largo de la costa del Pacífico hasta sus sitios de reproducción situados en aguas de Ecuador y Colombia.

Peale's Dolphin • *Delfín Austral* (*Lagenorhynchus australis*)

An important diversity of cetaceans thrives in the inshore and offshore waters of Tierra del Fuego. The cold and productive subantarctic waters provide a wealth of prey for dolphins, porpoises, pilot whales, orcas to sperm whales and baleen whales. The extensive coasts of Isla Grande, especially in the northern area, are often sites for massive strandings.

Una importante diversidad de cetáceos ocupa las aguas interiores y exteriores de Tierra del Fuego. Las frías y productivas aguas subantárticas proveen de una gran variedad de presas para delfines, marsopas, calderones y orcas hasta cachalotes y rorcuales. Las extensas costas de la Isla Grande, en especial las del norte, son a menudo sitios de varamientos masivos.

Orca (*Orcinus orca*)

Brookes Glacier • *Glaciar Brookes*

Brookes Bay and its magnificent homonymous glacier. This is one of the many deep fjords present on both slopes of Brecknock Peninsula, which has been excavated by the colossal glacial action. The Fuegian Andes hold a huge icefield, the southernmost in South America, which extends for nearly 900 sq. miles.

La Bahía Brookes y su magnífico glaciar homónimo. Este es uno de los muchos y profundos fiordos presentes en ambas vertientes de la Península Brecknock, y que han sido excavados por la colosal acción glacial. Los Andes Fueguinos albergan un enorme campo de hielo de aproximadamente 2.300 km², el más austral de Sudamérica.

At nearly 7,900 feet above sea level, the imposing icy summit of Mount Sarmiento is one of the tallest mountains of the Fuegian Andes. Generally hidden by a dense cloud cover, its beauty is rarely seen. The colossal ice floes impressed Charles Darwin on his visit of 1834 and became an obsession and challenge for the priest, ethnographer and climber Alberto De Agostini, who made several attempts to scale its summit, towards the beginning of the 20th century.

Con sus aproximadamente 2.404 metros sobre el nivel del mar, la imponente pirámide de hielo del Monte Sarmiento es una de las cumbres más altas de los Andes Fueguinos. Generalmente oculto por una densa cubierta de nubes, su belleza es rara vez observada. Los colosales flujos de hielo impresionaron a Charles Darwin en su visita de 1834, al igual que se transformaron en una obsesión para el sacerdote, etnógrafo y escalador Alberto De Agostini, quien realizó varios intentos a su cumbre hacia comienzos del siglo XX.

The gelid Fuegian topography is enhanced during fall by the changing colors of the deciduous forests. These colonizers of ice-free areas can thrive by occupying nutrient-poor areas along the coast, extending up to the snow line of hills and mountains where they form dwarf forests in areas highly exposed to the wind and cold.

La gélida topografía fueguina se ve embellecida durante el otoño por el colorido de los bosques caducifolios. Estos colonizadores de áreas libres de hielo pueden ocupar ambientes pobres en nutrientes en zonas costeras llegando a extenderse hasta la línea de nieve de cerros y montañas, donde forman bosques enanos en sectores muy expuestos al viento y al frío.

Antarctic Beech forests (*Nothofagus antarctica*), Almirantazgo Sound.
Bosques de Ñirre (Nothofagus antarctica), Seno Almirantazgo.

■■ ▌▌ The icefield of the Darwin Range and its many glaciers dominate the landscape of the southwestern portion of Tierra del Fuego. This huge ice plateau, together with other ice sheets which cover the Andes south of 45°S, are relicts of the last ice age, which reached full development some 20,000 years ago.

El campo de hielo de la Cordillera Darwin y sus muchos glaciares dominan el paisaje de la porción sur-occidental de Tierra del Fuego. Esta enorme meseta de hielo junto a otros campos de hielo que cubren parte de los Andes al sur de los 45°S, son relictos de la última era glacial, que tuvo su máximo desarrollo hace unos 20.000 años.

Pia Glacier and small forest patch of Coigüe de Magallanes (*Nothofagus betuloides*).
Glaciar Pía y bosquete de Coigüe de Magallanes (Nothofagus betuloides).

Germany Glacier, Beagle Channel.
Glaciar Alemania, Canal Beagle.

Darwin Range from Parry Fjord.
Cordillera Darwin desde el Fiordo Parry.

The majority of the glaciers in the Darwin Range, as well as others of the Patagonian Andes, have shown during the last century a marked receding of their terminal fronts. Fuegian glaciers such as Marinelli, for example, have receded at striking rates of more than 2,300 feet per year, during the period 1992-2000 – the largest documented recession rate of any glacier in Patagonia.

La mayoría de los glaciares de la Cordillera Darwin, así como también otros de los Andes Patagónicos han mostrado durante el último siglo, retrocesos bastante acentuados de sus frentes terminales. Glaciares del área como Marinelli, por ejemplo, han retrocedido a tasas sorprendentes de más de 700 metros anuales en el período 1992-2000, siendo ésta la mayor tasa de retroceso documentada para algún glaciar de Patagonia.

Piloto Glacier • *Glaciar Piloto, Seno Chico*

The icefield of the Darwin Range is located at around 54ºS, the most southerly in South America and the nearest to the Antarctic continent. Studies on its climatology and on its glacier dynamics are very important in order to detect and assess global changes affecting this part of the world.

This huge and pristine region of the Chilean part of Tierra del Fuego is entirely protected by the Alberto De Agostini National Park and more recently by the Cape Horn Biosphere Reserve.

El Campo de Hielo de Cordillera Darwin se ubica a alrededor de 54ºS, siendo el más austral de Sudamérica y el más cercano al continente Antártico. Estudios de su climatología así como de la dinámica de sus glaciares son muy importantes a fin de detectar cambios globales que estén afectando a esta parte del mundo.

Esta enorme y prístina región de la Tierra del Fuego Chilena se encuentra protegida por el Parque Nacional Alberto De Agostini y más recientemente por la Reserva de Biosfera Cabo de Hornos.

Piloto Glacier and King cormorants.
Glaciar Piloto y cormoranes reales.

■■■ pp 64 - 65.
Sea lion colony at De Agostini Fjord.
Colonia de lobos marinos en Fiordo De Agostini.

■■■ The deep and abrupt Fuegian fjords offer limited space to sea lions for the establishment of their breeding colonies. This situation is very different along the Atlantic coast and the Falkland Islands, where the species reproduce on broad beaches.

Los profundos y abruptos fiordos fueguinos ofrecen limitados sitios a los lobos marinos para el establecimiento de sus colonias reproductivas. Esta situación es muy diferente en la costa Atlántica e Islas Malvinas, donde la especie cuenta con amplias playas donde reproducirse.

Southern Elephant Seal • *Elefante marino (Mirounga leonina).*

Leopard Seal • *Leopardo marino* (*Hydrurga leptonyx*).

Within the Almirantazgo (Admiralty) Sound area some peculiar pinnipeds have established. These marine mammals are more associated with remote islands of the Southern Ocean and Antarctic latitudes. At Ainsworth Bay there is a small colony of the massive Southern Elephant Seal, while at Parry Fjord, a reduced number of Leopard Seal reside near the glacier and above the ice floes.

En el área del Seno Almirantazgo se han establecido singulares pinnípedos, mamíferos marinos de una mayor afinidad con remotas islas del Océano Austral y latitudes antárticas. En Bahía Ainsworth existe una pequeña colonia de Elefante Marino, en tanto que en Fiordo Parry, un reducido número de Leopardo Marino reside en las cercanías del ventisquero y sobre los témpanos.

South American Sea Lion • *Lobo Marino Común o Sudamericano* (*Otaria byronia*).

Sea lions are highly colonial mammals and fairly common in the Fuegian archipelago. Their former abundance and the quality of fur encouraged a frenetic hunting period carried out by European and North American sealers. The seal populations were decimated, particularly the Southern Fur Seal, taking this species to the edge of extinction.

Los lobos marinos son mamíferos muy coloniales y bastante frecuentes en el archipiélago fueguino. Fue su abundancia y la calidad de su piel lo que incentivó una frenética actividad de caza por parte de loberos europeos y norteamericanos durante el siglo XVIII y XIX. Sus poblaciones fueron diezmadas, en particular la del Lobo Fino Austral, llevando a este pinnípedo al borde de la extinción.

Southern Fur Seal • *Lobo Fino Austral* (*Arctocephalus australis*).

Tierra del Fuego

■■ ■ ■ pp 70 - 71.
Yendegaia Bay and river
Bahía y Río Yendegaia.

■ ■ ■ Tierra Mayor Valley • *Valle Tierra Mayor.*

Inland of the southeastern portion of Tierra del Fuego, very beautiful valleys are found. Among them, the peat bog community is very well represented and are regarded as wetlands of great ecological significance. They are basically constituted by two species of *Sphagnum* moss, and can absorb and retain huge volumes of water. This is a very humid and acidic environment, preventing the development of other plants, fungi and microbes, making the decomposition process very slow. The organic matter simply accumulates and the superficial layer can even have a width of three meters.

Hacia el interior de la porción sur-oriental de Tierra del Fuego, se encuentran valles de gran belleza. En ellos destaca la bien representada comunidad de turberas, considerados humedales de gran importancia ecológica. Constituidos básicamente por dos especies del musgo Sphagnum, estas comunidades pueden absorber monumentales volúmenes de agua. El ambiente es muy húmedo y ácido, lo que impide el desarrollo de otras plantas, hongos y microbios, por lo que el proceso de descomposición es muy lento. La materia orgánica simplemente se acumula, pudiendo la capa superficial tener un espesor superior a los tres metros.

Laguna Escondida.
Views of the inland lake district of southern Tierra del Fuego.
Vistas del interior lacustre del sur de Tierra del Fuego.

Situated immediately northward from the Fuegian Andes, the beautiful lake district dominates the topography of an important part of the southeastern region of Isla Grande. This mountainous region possesses dense beech *Nothofagus* forests, contrasting sharply with the vast and windy steppe plains of the island's north.

Situado inmediatamente hacia el norte de los Andes Fueguinos, el hermoso distrito lacustre domina la topografía de parte importante del sector sur-oriental de la Isla Grande. Esta región es montañosa y posee densos bosques de Nothofagus, contrastando enormemente con las extensas y ventosas planicies esteparias del norte de la isla.

Tierra del Fuego holds the southernmost forests on the planet. Vast regions of the southern part of the island, inland as well as in the archipelagic region, are dominated by forests primarily composed of three *Nothofagus* beech species. This genus has an ancestral presence in the Southern Hemisphere, and besides being represented in Chile and Argentina, it also occurs in distant places such as New Caledonia, New Guinea and New Zealand.

Tierra del Fuego alberga los bosques más australes del planeta. Vastas regiones del sur de la isla, tanto del interior como de la región archipelágica, son dominadas por bosques compuestos básicamente por tres especies de Nothofagus o Hayas del sur. Este género tiene una ancestral presencia en el Hemisferio Sur, y está representado además de Chile y Argentina, en distantes lugares como Nueva Caledonia, Nueva Guinea y Nueva Zelanda.

Patagonian Sierra-Finch
Cometocino Patagónico
(*Phrygilus patagonicus*)

The ecoregion known as the subantarctic Magellanic Evergreen Rainforest encompasses the southern part of Tierra del Fuego down to Cape Horn, and is considered as one of the 37 most pristine regions on Earth.

La Eco-región de los Bosques Lluviosos Subantárticos Siempreverdes de Magallanes, que se extiende por el sur de Tierra del Fuego hasta el Cabo de Hornos, es considerada como unas de las 37 regiones más prístinas del planeta.

Thorn-tailed Rayadito
Rayadito
(*Aphrastura spinicauda*)

Green-backed Firecrown
Picaflor Chico
(*Sephanoides galeritus*)

Black-chinned Siskin
Jilguero
(*Carduelis barbata*)

Les Eclaireurs lighthouse, Beagle Channel.
Faro Les Eclaireurs, Canal Beagle.

Beagle Channel – Ancestrally known by the Fuegian natives as *Onashaga*, this channel was discovered by the British hydrographic mission under the command of Robert Fitz Roy in April 1830 and named after the famous expedition vessel.

Canal Beagle – Conocido ancestralmente por los nativos de la zona como Onashaga, este canal fue descubierto por la misión hidrográfica británica al mando de Robert Fitz Roy en abril de 1830, y bautizado como Beagle en honor

Beagle Channel and Hoste Island.
Canal Beagle e Isla Hoste.

Beagle Channel and Gable Island.
Canal Beagle e Isla Gable.

This inter-oceanic seaway serves as the maritime border between Chile and Argentina. It is a clear separation between Isla Grande de Tierra del Fuego and the archipelagic district located southwards, down to the Wollaston Archipelago or Cape Horn.

Este paso interoceánico tiene la condición de ser frontera marítima entre Chile y Argentina, además de ser una clara separación entre la Isla Grande de Tierra del Fuego y el distrito archipelágico situado hacia el sur, hasta el archipiélago de las Wollason o Cabo de Hornos.

Black-browed Albatros (*Thalassarche melanophrys*), Beagle Channel.
Albatros de Ceja Negra (Thalassarche melanophrys), Canal Beagle.

The productive sub-Antarctic waters support the presence of a large diversity of seabirds and marine mammals. From the various albatross species occurring in the Beagle Channel and surrounding waters, the Black-browed albatross is the most common. This species nests colonially in remote ocean-exposed islands of the Fuegian archipelago.

Las productivas aguas subantárticas soporta la presencia de una gran diversidad de aves y mamíferos marinos. De las varias especies de albatros que frecuentan el Canal Beagle y aguas aledañas, el de Ceja Negra es el más común. Esta especie nidifica colonialmente en remotas islas expuestas del archipiélago fueguino.

Black-browed Albatros pair in courtship.
Pareja de Albatros de Ceja Negra en cortejo.

Rockhopper Penguin • *Pingüino de Penacho Amarillo* (*Eudyptes chrysocome*).

The abrupt offshore islets of the Wollaston or Cape Horn Archipelago are the preferred breeding sites for Rockhopper Penguin. This bulky penguin is specialized in dealing with the heavy, battering swells that eventually climb the coastal cliffs in order to reach their nesting sites.

Los abruptos islotes exteriores del Archipiélago de las Wollaston o Cabo de Hornos, son los sitios preferidos de reproducción del Pingüino de Penacho Amarillo. Este macizo pingüino es un especialista en sortear las fuertes marejadas y en prácticamente escalar los riscos costeros a fin de alcanzar sus áreas de nidificación.

South American Tern • *Gaviotín Sudamericano* (*Sterna hirundinacea*).

A large variety of birds frequent the coast of sheltered bays along the Beagle Channel and the Wollaston Archipelago to feed and breed at the rocky islets. Most of the species are year-round residents of the area or make short migrations to more temperate zones during the coldest months of the southern winter.

Una gran variedad de aves costeras frecuenta las bahías protegidas del Canal Beagle y Archipiélago de las Wollaston para alimentarse y reproducirse en sus islotes. La mayoría de las especies son residentes anuales en el área o realizan migraciones locales hacia zonas más templadas durante los meses más fríos del invierno austral.

Flightless Steamer-Duck • *Quetru No Volador* (*Tachyeres pteneres*).

Rock Cormorant • *Cormorán de las Rocas* (*Phalacrocorax magellanicus*).

Dolphin Gull • *Gaviota Austral* (*Larus scoresbii*).

Churrete Austral (*Cinclodes antarcticus*).

Striated Caracara • *Carancho Negro (Phalcoboenus australis).*

Wulaia Bay was historically one of the favorite sites for the Yamana and hence a place holding one of their largest population densities. The vivid chronicles of Darwin and other explorers document the anthropological importance of this site.

Bahía Wulaia fue históricamente uno de los sitios favoritos y por lo tanto de mayor densidad poblacional Yámana. Los vívidos relatos de Darwin y otros exploradores documentan la importancia antropológica de este sitio.

Wulaia Bay and Mount King Scott, Navarino Island.
Bahía Wulaia y Monte King Scott, Isla Navarino.

A handful of relatively large islands form myriad rocky islets located in the south of Tierra del Fuego, scattered between the Beagle Channel and Cape Horn. One of the main islands is Navarino, which is crowned by one of the last Andean summits, Dientes de Navarino, of nearly 4,300 feet high.

Un puñado de islas relativamente grandes junto a una miríada de islotes se sitúan al sur de Tierra del Fuego, diseminadas entre el Canal Beagle y Cabo de Hornos. Una de las islas principales es Navarino, coronada por una de las últimas cumbres andinas, Dientes de Navarino, y sus 4.306 metros de altura.

Dientes de Navarino and Beagle Channel, Navarino Island.
Dientes de Navarino y Canal Beagle, Isla Navarino.

■ ■ ■ The southernmost projection of the Wollaston Archipelago, Cape Horn is the southernmost of the great capes and is literally the island culmination of the American continent. For centuries, has been regarded as one of the most important icons for sailors around the world, and the conspicuous fame of the surrounding harsh seas and strong gales began the day of its discovery, on the January 29, 1616.

Siendo la más austral proyección del Archipiélago de las Wollaston, el Cabo de Hornos, es el más austral de los grandes cabos y literalmente la culminación insular del continente americano. Ha sido por siglos uno de los íconos más importantes para marineros de todo el mundo y la notoria fama de su adverso mar circundante y huracanados vientos comenzaría desde el mismo día de su descubrimiento, el 29 de enero de 1616.

Cape Horn and Drake Sea.
Cabo de Hornos y Mar de Drake.

Hornos Island and the Albatros monument.
Isla Hornos y Monumento al Albatros.

Located on the homonymous island, Cape Horn marks at 55º56'S the division line between the Pacific and Atlantic Oceans. Southwards, the stormy and vast Drake Passage extends, and further south, some 600 nautical miles, Antarctica, the domain of the ice begins.

Situado en la isla homónima, el Cabo de Hornos marca a 55º56'S la línea divisoria entre los océanos Pacífico y Atlántico. Hacia el sur se extiende el tormentoso y gigantesco Mar de Drake y más allá, a unas 600 millas náuticas comienzan los dominios del hielo, Antártica.

"What a study the seashore here, where the two greatest oceans meet and sweep round the tail of the continent... In spite of its terrific elements and inevitable privations, these old time voyagers were, for the most part impressed with its being a good land. Magalhães, its discoverer, on the 21st of October, 1520, says, **'There is not in all the world a more healthy country or a better strait'.**"
Richard Crawshay – 1907.

"Qué estudio el de la orilla de mar aquí, donde los dos más grandes océanos se unen y extienden alrededor de la cola del continente...
A pesar de los elementos extremos y de las inevitables privaciones, la mayoría de los marineros antiguos tuvieron la impresión de que (la Tierra del Fuego) era una buena tierra. El 21 de octubre de 1520 Magallanes, su descubridor, dice: **No hay en el mundo un paisaje más sano, ni mejor estrecho.***"*
Richard Crawshay – 1907.

TIERRA DEL FUEGO
(CHILE - ARGENTINA)

ARGENTINA

CHILE

Ba. Lomas

CHILE

Isla Magdalena

Punta Arenas

Porvenir

Estrecho de Magallanes

Ba. Condor

Cn. Magdalena

Isla Grande
TIERRA DEL FUEGO

ARGENTINA

OCÉANO ATLÁNTICO

N
W   E
S

Monte Sarmiento

Ba. Ainsworth

Seno Cóndor

Fiordo Parry

Ba. Ocasión

Laguna Escondida

Valle Tierra Mayor

Glaciar Pía   Yendegaia   Ushuaia   Isla Gable

Glaciar Alemania   Canal Beagle

Wulaia   Pto. Williams

Dientes de Navarino

OCÉANO PACÍFICO

Cabo de Hornos • Cape Horn

Paso de Drake • Drake Passage

* Mapa referencial • Referencial map